NOTICE

SUR

M. VALETTE

PROFESSEUR A LA FACULTÉ DE DROIT DE PARIS

1805—1878

PAR

A. HUART

AVOCAT GÉNÉRAL A LA COUR D'APPEL DE BESANÇON
DOCTEUR EN DROIT

PARIS

L. LAROSE, LIBRAIRE-ÉDITEUR

22, RUE SOUFFLOT, 22

1879

NOTICE

SUR

M. VALETTE

PROFESSEUR A LA FACULTÉ DE DROIT DE PARIS

1805—1878

PAR

A. HUART

AVOCAT GÉNÉRAL A LA COUR D'APPEL DE BESANÇON
DOCTEUR EN DROIT

***

PARIS

L. LAROSE, LIBRAIRE-ÉDITEUR

22, RUE SOUFFLOT, 22

1879

DÉPOT LÉGAL
Seine & Oise
N° 1073
1879

NOTICE

SUR

M. VALETTE

PROFESSEUR A LA FACULTÉ DE DROIT DE PARIS

(1805 — 1878)

> Specta, juvenis, in ea tempora natus
> es, quibus firmare animum expediat con-
> stantibus exemplis.
>
> TACITE, *Ann.*, liv. XVI, c. XXXV.

Au moment de commencer l'étude de la vie et des travaux du professeur Valette et de rendre à sa mémoire l'hommage de respect et de vénération qui lui est dû, ce passage de Tacite nous revient involontairement à la pensée et s'impose à notre esprit.

Ce sont, en effet, de grands et nobles exemples que nous offre la vie de l'illustre défunt, et l'on ne saurait trop les proposer à notre persévérante imitation. Professeur éminent, jurisconsulte consommé, citoyen intègre, M. Valette était, dans toute l'acception du mot, un homme de bien, et par ses actes comme par ses leçons il n'a jamais cessé, suivant les expressions d'un maître, d'enseigner « le travail et la pa- « tience, la modération et la fermeté, la haine du mal et « l'amour du bien, le respect du devoir et le culte du « droit (1). » Aujourd'hui donc qu'il n'est plus, il est bon de

(1) M. Nicolet, *Discours à la conférence des avocats de Paris*, novembre, 1878.

garder pieusement son souvenir, et de rechercher dans sa
vie les enseignements élevés qui y abondent. Quelque insuf-
fisante et incomplète qu'elle soit, l'étude de pareils modèles
ne saurait rester stérile ; elle élève les intelligences et fortifie
les cœurs, car, pour emprunter au vieil Amyot son naïf langage « c'est un bien vif et poignant aiguillon aux hommes
« de gentil cœur et de nature généreuse, pour les inviter à
« entreprendre toutes hautes et grandes choses que la
« louange et la gloire imortelle dont on rémunère les bien-
« faisants (1). »

I

M. Claude-Denis-Auguste Valette appartenait à la Fran-
che-Comté, cette terre toujours féconde en jurisconsultes, en
dialecticiens et en penseurs, « ce rude pays qui se plaît à
laisser sur ses enfants sa simple et mâle empreinte (2). » Il
naquit à Salins, le 28 thermidor an XIII (16 août 1805). Son
père, Claude-Josué, ancien volontaire de 92, y vivait modes-
tement de sa petite pension de retraite augmentée des faibles
gains de sa mère, receveuse de la loterie impériale. C'est
dans cet intérieur tranquille, presque humble, mais profondément honnête que M. Valette grandit et qu'il puisa avec
la modération des goûts et la simplicité des habitudes sa
foi politique et religieuse que rien ne put jamais ébranler.

Il avait à peine huit ans lorsqu'il quitta Salins et vint avec
ses parents s'établir à Versailles.

Dès son jeune âge, il manifesta un goût prononcé pour la
musique. Le futur annotateur de Proudhon, le grave professeur qui devait devenir l'émule des Pothier et des Dumoulin débuta, qui le croirait, par le Conservatoire, et fut reçu
à neuf ans élève de la classe de violon. Mais, malgré ses
succès précoces, il ne tarda pas à laisser la musique pour le
latin, et l'année suivante, il reprit au collège de Versailles
les études classiques qu'il avait à peine commencées à ce-
lui de Besançon.

(1) Amyot, *Préface des hommes illustres.*
(2) M. Nicolet, *ibid.*

Intelligence vive, esprit largement ouvert, le jeune collégien réussit également dans les lettres qui seront toujours, quoiqu'en disent certains novateurs téméraires, le vrai fondement de toute instruction solide, et dans les sciences pour lesquelles il paraît avoir eu une propension marquée. « Une fois initié aux beautés des lettres antiques, dit un de ses biographes, il ne cessa jamais de les cultiver. Les grands écrivains d'Athènes et de Rome lui demeurèrent des amis familiers avec lesquels il conversait chaque jour; le latin était pour lui une langue d'enfance; il l'écrivait correctement et s'en servait pour correspondre avec les jurisconsultes étrangers (1).

Ceux qui ont connu M. Valette savent, en effet, combien il aimait à citer les auteurs classiques; il le faisait toujours avec goût et à propos; on voyait aisément qu'il avait vécu dans leur commerce, qu'il s'était assimilé le suc de leurs ouvrages, et que, suivant le précepte du poëte, il les avait feuilletés *nocturna diurnaque manu.*

Ses études terminées, il vint, en 1824, prendre à l'École de droit de Paris ses premières inscriptions. Il y trouva pour guider ses premiers débuts deux de ses compatriotes, Grappe déjà sur son déclin et Bugnet simple suppléant alors, mais qui n'allait pas tarder à emporter comme d'assaut, à la suite d'un brillant concours, une place de titulaire.

Il suivit avec assiduité les cours de Ducaurroy, de Delvincourt, de Pardessus, et apprit sous ces maîtres célèbres les premiers éléments de cette science dont il allait bientôt devenir l'un des plus brillants interprètes. Il se fit vite remarquer comme un élève d'avenir, et à la manière dont il subissait ses examens, les doctes professeurs de l'École purent facilement présager qu'il ne tarderait pas à devenir leur collègue.

Docteur au mois de juin 1830, il soutint avec succès une thèse sur un sujet qu'il n'avait pas choisi, mais que le sort quelque peu sévère lui avait désigné, les actions noxales et la loi *Aquilia* en droit romain, les quasi-contrats, les délits et les quasi-délits en droit français.

____

(1) *A la mémoire de M. Valette, un ami de la famille,* Paris, 1878, Challamel.

Au milieu de ses études de droit, le jeune docteur voulut s'essayer à la politique. En 1831, il écrivit sur, je devrais plutôt dire, contre *la pairie héréditaire considérée comme pouvoir législatif et comme pouvoir judiciaire*, une brochure qui fut alors remarquée et où se révèlent déjà les tendances libérales du futur député à la Constituante. On y surprend en germe, encore que gâtées par une rhétorique qui sent un peu son époque, les qualités d'un style clair et incisif, et cette logique ingénieuse que nous retrouverons plus tard à des degrés divers dans ses autres écrits.

Il continuait cependant ses études avec cette opiniâtreté persévérante qui est un gage certain de succès. En novembre 1832, il concourut pour une place de professeur suppléant à la Faculté de droit de Paris, et fut nommé en 1833. En 1837, il succéda à Delvincourt comme professeur titulaire; il avait à peine trente-deux ans.

C'est dans cette chaire qu'il a illustrée pendant plus de quarante ans, et qu'il occupait encore trois jours avant sa mort, que nous l'avons vu, il y a longtemps déjà, prodiguer à ses élèves les trésors de sa science et de son exquise bonté. Le vieil amphithéâtre de l'École était trop petit pour recevoir le flot de ses auditeurs accourus pour entendre sa parole insinuante, persuasive, nullement dominatrice, et sous l'influence de laquelle se développaient, comme irrésistiblement le goût et le sentiment de droit.

Sa méthode d'enseigner différait essentiellement de celle de M. Bugnet, à qui on l'a souvent comparé.

Esprit éminemment pratique, vulgarisateur merveilleux, celui-ci s'en tenait d'ordinaire aux premiers éléments et préférait, comme il l'a dit lui-même, « descendre jusqu'à ses élèves, plutôt que de chercher à les faire prématurément monter jusqu'à lui. » C'était, par excellence, le professeur élémentaire.

M. Valette, au contraire, tenait avant tout à maintenir l'étude du droit à un niveau élevé; il ne s'enfermait pas dans l'explication technique des articles du Code; la lettre de la loi qu'il commentait, du reste, avec un soin tout particulier, ne lui suffisait pas; il en étudiait ingénieusement l'esprit, et en recherchait, avec une grande hauteur de vues, l'objet et l'origine. Aussi, bien qu'il s'adressât à tous les élèves, n'était-il vraiment compris et goûté que par ceux qui n'en étaient plus à leurs débuts; pour les étudiants de troisième année, pour les aspirants au doctorat surtout, c'était un maître incomparable.

Les qualités maîtresses de M. Bugnet étaient la précision, a justesse, et cette clarté saisissante qui empruntait au caactère même du professeur un je ne sais quoi d'absolu qui écartait toute objection et semblait défier toute critique. M. Valette était plus profond, plus complet, plus savant dans la véritable acception du mot : ses connaissances avaient plus de largeur, et ses conceptions plus de puissance; il aimait les objections, et s'attachait même à les susciter. L'indépendance des opinions était loin de lui déplaire chez les jeunes gens; il y voyait une preuve d'intelligence et une marque de personnalité qu'il s'efforçait de développer. Il ne s'imposait pas, et ne voulait que persuader.

Avec son esprit net, mais un peu étroit, M. Bugnet ne voyait pas toujours les aspects multiples des questions, et sa pensée, plus vigoureuse qu'étendue, revêtait vite une forme invariable dont il ne se départait pas volontiers. M. Valette, au contraire, « chercheur infatigable et n'ayant jamais fait son siège, craignait avant tout d'immobiliser sa pensée, dont l'élan vers la vérité ne s'arrêtait jamais (1). »

L'appareil scolastique répugnait à la nature du maître; aussi nul enseignement fut-il moins dogmatique que le sien; c'était plutôt une causerie tout à la fois familière, grave et savante, où il aimait à exposer avec simplicité les raisons de décider et surtout celles de douter.

Car ce qu'on remarquait non sans surprise chez le docte professeur dont les connaissances étaient si vastes et la science si sûre, c'était l'expression du doute en présence des obscurités de la loi, mais c'était un doute, dit, à ce sujet, l'un des plus remarquables successeurs de l'illustre défunt, M. le professeur Labbé, « un doute plein de science et non « de scepticisme, doute qui fait parcourir à l'esprit tous les « aspects de la question, doute qui se résout après un exa-

____

(1) M. Labbé, *Recueil de Sirey*, 1875.

« men lumineux en une solution présentée comme préfé-
« rable et non en une affirmation tranchante (1). »

Ne croyant pas que la force réside dans l'immutabilité, il
revenait, sans fausse honte, sur ce que l'expérience lui avait
démontré inexact et peu pratique, et nous avons assisté plus
d'une fois, précieux enseignement, à ses longues incerti-
tudes qu'il essayait de fixer sans jamais y parvenir com-
plètement.

Pourtant l'on connaîtrait mal M. Valette si l'on ne s'attachait qu'à cette honnêteté juridique, si je puis m'exprimer
ainsi, qui poussée à l'extrême chez lui était presque un dé-
faut. Il savait dans son enseignement tracer fermement les
règles certaines, mettre en relief les principes de la science,
et poser avec solidité les assises du droit, subordonnant le
souci des controverses à une connaissance plus approfondie
des règles qui en facilitent la solution.

A son cours, lorsqu'il avait sommairement indiqué les
principes de la matière qu'il allait traiter, il soumettait les
points en discussion au contrôle de la raison éclairée par la
philosophie ; car, à l'exemple de son maître Pothier, « il
« faisait du droit non une science algébrique, non une méta-
« physique transcendante, mais une philosophie morale
« moins étendue, quoique de même ordre, que la morale
« proprement dite (2). » Il s'attachait ensuite, scrupuleuse-
ment, en vrai légiste, à l'explication du texte ; il en faisait
jaillir des conséquences inattendues et des aperçus pleins de
finesse. Son esprit délié se plaisait aux analyses délicates,
aux déductions ingénieuses, et il y excellait. Comme un autre Dumoulin, il semblait se jouer au milieu des problèmes
les plus ardus du droit ; quelques-uns même lui repro-
chaient de mêler à cette sagacité pénétrante un léger grain
de subtilité ; mais lorsqu'un de ses éminents collègues lui
adressait en plaisantant cette critique tout affectueuse,
M. Valette souriait sans humeur, sans toutefois se départir
d'un procédé qui lui réussissait si bien (3).

Nul mieux que lui ne s'entendait aussi à dégager par une
judicieuse recherche les idées générales des textes qui les

(1, 2) M. Labbé, *loc. cit.*
(3) M. de Valroger, *Discours à la Faculté de droit*, 1878.

contiennent ; pourtant, toujours fidèle à ses habitudes prudentes, il redoutait les synthèses précipitées, et mettait, avec le plus grand soin, l'esprit de l'élève en garde contre ces maximes toutes faites, sortes de recettes commodes, mais qui par leur généralité même sont la source de trop fréquentes erreurs.

Il se défiait de l'absolu : les sciences morales, en effet, ne sauraient guère l'admettre : car elles ne raisonnent pas sur de pures hypothèses ; ce ne sont pas des abstractions qu'elles sont destinées à régler, mais des faits, ondoyants et divers par les intentions, par les circonstances et par une multitude de causes.

Si son fond était riche, sa forme n'était jamais négligée. « Il cherchait en tout la perfection, a dit avec autant d'es- « prit que de finesse un de ses amis devenu son biographe ; et « soignait sa leçon comme un poète, son sonnet. Chez lui, « le philosophe éclairait le légiste, le logicien conduisait le ju- « risconsulte, le littérateur édictait le tout, dans un langage « simple, droit, qui ne manquait ni d'élégance, ni d'ima- « ges. Il dissertait doctement, sans presse, ni gêne, comme un « homme qui a le temps devant soi. Sa parole, de robe lon- « gue, rachetait une phrase quelquefois trop fournie par un « mot juste, un jugement serré, qui faisait trait et restait « le mot de la question (1). »

Pour achever de faire bien comprendre la manière du maître je ne puis résister au désir de citer un passage de sa leçon d'introduction, passage bien connu, mais où les diverses qualités du professeur se révèlent, selon nous, à un degré éminent. Il s'agit de cette justice naturelle qu'on appelle l'équité, de ses avantages et de ses dangers. « Le mot *équité*, « dit M. Valette, est un mot assez mal défini, et par con- « séquent toujours fort vague. On l'oppose souvent au « droit positif, et il désigne alors une sorte de perception du « juste et de l'injuste, à laquelle on a été préparé par son « éducation première, la bonne direction de son esprit, des « exemples salutaires, etc. ; c'est pour ainsi dire, le *goût du* « *juste*, et ce goût se développe par l'étude assidue des prin- « cipes du droit, comme le goût du beau dans les arts, par le

(1) *A la mémoire de M. Valette*, loc. cit., p. 6.

« commerce habituel des grands maîtres, et la contempla-
« tion de leurs chefs-d'œuvre. L'équité, c'est quelquefois le
« sentiment d'un droit abrogé et resté dans les habitudes
« (ancien droit positif), ou le sentiment d'un droit dont
« la création serait désirable (droit positif de l'avenir) (1) ;
« parfois aussi, c'est une sorte de supplément au droit
« positif actuel, bien qu'on ait peine à comprendre com-
« ment une législation un peu avancée oublierait certains
« devoirs extérieurs et positifs; on pourrait cependant citer
« en ce sens, les articles 565 et 1135, lesquels sont, au reste,
« le premier surtout, d'une application fort restreinte. Il
« faut se garder d'une *équité* qui serait contraire aux pres-
« criptions de la loi ; et cependant, il peut arriver que la loi,
« dans un intérêt général, soit obligée de blesser un senti-
« ment très juste en lui-même, par exemple, si elle ôte à un
« titre sa valeur ordinaire uniquement pour inobservation
« d'un règlement fiscal. L'équité introduite dans la pratique
« des tribunaux au mépris des dispositions positives de la loi
« ne serait presque toujours qu'un arbitraire dangereux.
« Dieu nous garde de l'équité des parlements ! » disait-on à
« une certaine époque ; et il est arrivé plus d'une fois à des
« provinces réunies à la France, de réclamer auprès de nos
« rois pour ne pas être jugés *par équité.* »

On ne saurait mieux dire : et les quelques lignes qui pré-
cèdent valent tout un traité sur la matière.

II

En véritable professeur, aimant à répandre oralement la
semence des vérités que ses études lui avaient fait décou-
vrir, M. Valette a peu écrit, et s'il y a songé un instant, il
n'a pas recueilli l'ensemble de ses idées et de ses doctrines.

En 1842, il fit paraître ses notes sur le traité de Proudhon,
l'état des personnes et le titre préliminaire du Code civil. C'était,
comme on l'a dit avec esprit (2), Paul écrivant sur Sabinus.
Lors de l'apparition de ce traité en 1809, le Code civil n'a-

(1) Voy. M. Oudot, *Premiers essais*, p. 64 et suiv.
(2) Armand Masson, *M. Valette et la question du duel*, 1866.

vait encore qu'un petit nombre d'années d'existence. Aucun ouvrage de quelque importance sur l'état des personnes n'avait été donné au public. Proudhon avait donc à lutter contre toute la difficulté d'une première tentative de ce genre, et cependant son œuvre se distinguait par des qualités si éminentes, que quelques-uns crurent y voir le dernier mot de la science. « C'était méconnaître, dit justement M. Valette (1) dans son avant-propos, la marche nécessaire de l'esprit humain. Les premiers commentateurs, pas plus que les premiers rédacteurs d'une loi ne peuvent prévoir toutes les difficultés que l'application de cette loi fera naître. Le temps seul peut bien expliquer un Code. » Aussi, l'œuvre du jurisconsulte franc-comtois, vieille alors de près de trente années, présentait-elle des lacunes qu'il importait de combler, et des opinions qui n'avaient pas résisté à une critique approfondie : il fallait revoir l'ouvrage, le compléter, sans procéder toutefois à une refonte générale qui l'eût dénaturé, sous prétexte de le corriger. Nul mieux que M. Valette n'était apte à continuer l'œuvre de son illustre compatriote; il en avait « l'abondante érudition, la patiente et vigoureuse logique; » c'était comme un héritage qu'à tous égards il était digne de recueillir. Il remit le livre au courant de la législation et de la jurisprudence, réfuta les erreurs du maître avec une indépendance pleine de respect, et y ajouta des notes substantielles, précises, lumineuses, qui font de cette édition comme un traité nouveau et une œuvre toute personnelle.

Mais il tint à laisser intact, à côté du sien, le travail du maître et à en conserver même les tendances et le but.

« L'esprit dans lequel nos annotations et nos additions ont été conçues, dit-il dans son avertissement, est encore un hommage rendu aux vues de l'auteur. « La lecture de cet « ouvrage, dit M. Proudhon dans sa préface, peut être utile « non seulement aux élèves des facultés de droit, mais en- « core aux hommes qui fréquentent le barreau ou qui parti- « cipent à l'administration de la justice. » Consacré comme lui à l'enseignement du droit, nous avons voulu que notre

____

(1) Avertissement de l'édition de 1842.

travail fût particulièrement destiné à la jeunesse des écoles.
Dans ce but, nous ne nous sommes pas borné à combler les
lacunes que présente l'ouvrage, et à tâcher de rectifier les
points de doctrine qui nous paraissaient susceptibles de critique ; nous nous sommes attaché, en outre, à relever les expressions obscures et inexactes, afin de n'offrir aux élèves
que des notions justes et précises, et *de leur montrer quel
esprit d'examen et d'indépendance ils doivent porter dans leurs
lectures, par lesquelles ils se laissent, en général, beaucoup trop
dominer.* »

Voilà bien le langage du professeur, passionné pour ses
élèves, qui fait de leurs progrès intellectuels le but principal
de ses efforts, le travail constant de sa vie, et qui écrit non
seulement pour leur apprendre la science qu'il a mission de
leur enseigner, mais pour leur montrer, d'une façon magis-
trale, ce que doit être, dans les œuvres de la pensée, l'esprit d'examen et d'indépendance, et dans quelles bornes il
convient de renfermer cet esprit. Ces quelques lignes pei-
gnent l'homme tout entier.

L'état des personnes est une des matières sur lesquelles
la sagacité du professeur s'est le plus exercée. En 1859, il
rajeunit lui-même ses notes sur Proudhon et en 1873 il y
revint encore, comme poussé par une secrète prédilection,
en livrant à la publicité, sur les instances de ses collègues et
de ses élèves, le cours complet de première année qu'il professait à l'École de droit.

Est-il besoin de dire que ses travaux juridiques attendus
avec impatience, réclamés presque avec importunité, ac-
cueillis avec reconnaissance n'ont jamais trouvé que des
admirateurs ? La critique restait comme désarmée, et parlait
d'avance, en le louant, le langage de la postérité.

Appréciant, en 1860, l'explication sommaire du livre premier de notre Code, un des élèves les plus distingués du
maître, M. Charles Ballot, s'exprimait ainsi (1) : « Il n'est
besoin de rappeler les graves sujets que comporte cette partie de notre droit : jouissance et privation des droits civils,

(1) *Revue pratique*, 1860, t. IX, p. 379, aujourd'hui rédacteur en chef du
journal *le Droit.*

condition des étrangers en France, absence, mariage, séparation de corps, paternité et filiation, puissance paternelle, adoption, tutelle, tels sont les titres principaux. Nous savons tous, pour nous y être arrêtés, les difficultés sans nombre qui sont semées sur la route, les lacunes souvent, les contradictions parfois qui se rencontrent dans la loi et qui laissent l'esprit indécis ou même impuissant à prendre parti. Fort de ses longues études et de cette expérience qui permet à une vive intelligence de dominer le sujet qu'elle explore, M. Valette a parcouru avec bonheur la carrière qu'il s'était proposée. On sent dans tout ce travail l'homme dans la force du savoir, le jurisconsulte dans la maturité du jugement. Cette force se traduit jusque dans l'examen de ses propres opinions qu'il interroge en même temps que celles des autres, et dans l'abandon qu'il en fait lorsque sa raison plus solide ou plus aguerrie lui a démontré son erreur. Sa méthode est celle de la logique ou plutôt du bon sens; il débute par des notions historiques; il demande au passé ses origines, comme il lui demandera ses lumières; il constate ensuite les dispositions de la loi en vigueur, il en fait le plan, il y crée l'ordre, il y met la clarté, il y formule des principes, il se place enfin devant les difficultés que leur application soulève, et ainsi armé de toutes pièces, il les résout par cette dialectique ingénieuse autant que serrée qui est une des qualités éminentes de son esprit. La forme est claire et satisfaisante en même temps qu'elle est sobre; c'est le vrai style du juriste. »

Plus tard, lorsque parut *le cours de première année*, M. Labbé appréciait ainsi, avec sa compétence et ce charme de style qui lui est propre, l'œuvre nouvelle de son collègue : « M. Valette aurait pu aisément écrire des volumes et rivaliser par l'étendue des développements avec d'autres commentateurs justement célèbres. Il a prouvé qu'il savait dans les dissertations spéciales fouiller les points obscurs, et dans les consultations tenir compte de toutes les nuances d'une espèce. Cette fois, il a voulu être bref; il a condensé en six cents pages une substance doctrinale des plus riches. Ce procédé modeste et qui donne à son ouvrage l'apparence d'un manuel répond à une vertu dominante de son esprit :

tout indiquer et ne pas tout dire, suggérer la réflexion et
non pas en dispenser, mettre l'esprit des autres en mouve-
ment et leur montrer la route, ouvrir des aperçus, faire
jaillir des sources de lumière et non les épuiser; pour des
principes si bien motivés, si bien définis, que les conséquences en ressortent d'elles-mêmes : tel est le but, telle est
la méthode de l'excellent jurisconsulte. Le résultat est que le
livre convient à ceux qui savent et à ceux qui veulent apprendre; il n'accable pas tout d'abord, il est si simple et si
sobre; il éclaire toujours, il est si substantiel et si profond ! »

Ces appréciations que j'ai tenu à rappeler ici me paraissent
être l'expression exacte de la vérité; je me garderais, pour
ma part, d'y rien changer; c'est bien là le caractère et la
méthode du maître tels que mes souvenirs me le rappellent;
ceux qui le jugent ainsi le connaissaient à merveille, et leurs
éloges ne sauraient être taxés de flatterie.

On dirait que l'esprit investigateur et subtil de M. Valette
avait résolu de s'attaquer aux problèmes les plus difficiles du
droit. Après l'état des personnes, ce furent les hypothèques
qui l'attirèrent, et tout en collaborant avec Duvergier et
Fœlix, à la *Revue de droit français et étranger* (1), recueil
qui restera un des beaux monuments de la science juridique
de notre temps, il publia en 1843 un travail sur l'*effet de l'ins-
cription en matière hypothécaire*, et en 1846, un traité des
privilèges. Rien de plus accompli n'est sorti de la plume
du savant professeur, mais malheureusement ce travail est
demeuré inachevé, et l'on ne peut que regretter que d'autres
occupations ne lui aient pas laissé le loisir d'accomplir son
œuvre. Car il possédait à merveille cette matière obscure et
ardue entre toutes; il n'y trouvait même, je cite textuelle-

(1) C'est dans la *Revue de droit français* que M. Valette critiqua les ouvrages de M. Troplong. « Alors (en 1833), dit M. de Valroger, commençait
la renommée d'un magistrat que l'éclat de ses publications sur le Code civil
devait porter aux plus hauts honneurs. Valette ne se laissait point éblouir
par tout ce qui brille ; il prisait par-dessus tout l'exactitude des pensées et
du style, et ne croyait qu'aux citations bien vérifiées. Dans plusieurs articles d'une Revue, le jeune suppléant soumit à une vive critique les premières œuvres du juriste éminent dont il devait un jour être le successeur
à l'Institut. » M. de Valroger, *Discours, loc. cit.*

ment ses paroles, « que la réunion de tout ce qui peut inté-
resser le jurisconsulte ». Il avait fait partie dès l'origine de la
commission nommée par le gouvernement de Juillet pour la
réforme de la législation hypothécaire; avec sa conscience
habituelle, il en avait creusé toutes les difficultés, il en
avait étudié tous les aspects, et ses collègues, dont il était
l'oracle, n'hésitaient pas à le proclamer l'homme de France
qui connaissait le mieux les hypothèques. Le mot est, si je
ne me trompe, de M. de Vatimesnil, peu prodigue de pareils éloges.

M. Valette fit paraître aussi, soit dans la Revue pratique,
qui venait de se fonder sous le patronage et avec le concours
d'un des maîtres les plus aimés de la jeunesse des écoles,
M. le professeur Demangeat, soit dans le journal *le Droit*, des
articles pleins d'érudition et de vigueur, sur le cumul de la
réserve et de la quotité disponible (1), sur la théorie des repri-
ses de la femme commune si fatalement inaugurée par
M. Troplong (2) et sur des questions de transcription hypothécaire soulevées par la loi de 1855 (3), cette loi fameuse,
l'effroi des étudiants de troisième année et l'un des vrais cha-
grins de sa vie de jurisconsulte.

Tels sont, en résumé, les travaux juridiques de M. Valette
et quand on songe à la vaste science de leur auteur, on se
sent pris du profond regret qu'il n'ait publié que des frag-
ments inachevés, mais dont l'importance nous fait comprendre la grandeur et la puissance qu'aurait eues l'œuvre tout
entière.

Sans doute, sa lumineuse doctrine recueillie jour par jour
et conservée avec soin par ses disciples ne saurait périr ; sans
doute, son enseignement aura produit, ce à quoi il tenait
avant tout, des jurisconsultes, des professeurs, des magistrats
et des savants ; mais l'ensemble de ses leçons, ce corps de
droit si complet que depuis 1837 il professait avec tant d'au-
torité, n'existe plus que dans la mémoire de ceux trop peu
nombreux qui l'ont entendu. S'il m'était permis d'émettre un

(1) *Revue pratique*, XXV, 193.
(2) Ibid., IV, 529.
(3) Ibid., XVI, 433.

vœu, je voudrais qu'on tentât pour M. Valette ce qu'une main pieuse a fait jadis et on sait avec quel succès pour le professeur Boitard. Les matériaux de ce travail existent, et il ne faudrait peut-être qu'une simple révision pour en faire les plus remarquables traités. Puisse ce désir être réalisé! puisse la science du droit être bientôt dotée d'une œuvre qui, malgré ce qu'elle pourra avoir d'incomplet ou même de défectueux, ne fera cependant qu'ajouter à la gloire du maître et perpétuer son souvenir !

III

En 1848, M. Valette se présenta à la députation dans le département du Jura. Il n'avait conservé avec son pays natal que des relations assez peu fréquentes ; il y venait rarement et ne voyait guère qu'un vieil oncle aveugle, professeur d'allemand au collège à qui il faisait une pension.

Cependant, et malgré l'opposition très vive que lui fit à Salins même M. Richardet, qui siégea depuis à l'Assemblée législative parmi les plus fougueux montagnards, M. Valette fut élu, par 37,000 voix le quatrième de la liste de l'union républicaine après MM. Grévy, Cordier et Chevassus. Fidèle aux convictions de toute sa vie, ami de l'ordre et d'une sage liberté, le professeur siégea à la Chambre parmi les partisans d'une république conservatrice et modérée. Son honnêteté politique lui concilia bien vite l'estime et la sympathie de ses collègues, qui tous, sans distinction de parti ni d'opinion, ont toujours hautement témoigné de sa droiture, de son bon jugement et de sa ferme raison. Il se fit remarquer à la tribune, comme dans les bureaux, par son esprit pratique, ses observations pleines de sagacité et sa connaissance approfondie des lois ; aussi ne tarda-t-il pas à être nommé vice-président de l'importante commission de législation.

La haute situation que M. Valette avait à la Chambre et qu'il ne devait qu'à sa science et à son caractère ne réussit pas à désarmer ses adversaires politiques ; malgré ses opinions bien connues, il fut déclaré suspect ; ses votes furent travestis, et la *Démocratie jurassienne*, petit journal qui n'eut qu'une durée éphémère, fut même créée pour le combattre avec ses collègues Gréa, Jobez, Huot et Chevassus; on lui reprocha notamment, accusation dangereuse dans un pays agricole comme le Jura, d'avoir voté contre la diminution de l'impôt du sel : aussi, lorsque au mois de mai 1849, eurent lieu les élections pour l'Assemblée législative, fût-ce son implacable adversaire Richardet qui l'emporta sur lui.

Cet échec immérité fut sensible à M. Valette, et il eut quelque peine à le pardonner à ses ingrats compatriotes. Toutefois, le 14 juin suivant, un siège étant devenu vacant à la Chambre par la mort de M. Cordier, il céda au désir de quelques amis dévoués et consentit à se présenter de nouveau aux suffrages de ses concitoyens. Attaqué avec violence par les républicains exaltés qui soutenaient la candidature extrême de M. Ribeyrolles, abandonné par une partie des conservateurs qui ne croyant pas à son succès lui préféraient Lamartine, M. Valette triompha cependant le 8 juillet 1849 et, avec 18,000 voix, sortit vainqueur de la lutte.

Dans la polémique qui suivit l'élection, le journal *le Salinois* qui l'avait combattu au profit de Lamartine lui ayant reproché ses votes sur les clubs et sur le divorce, M. Valette répondit aussitôt par une lettre peu connue, que nous sommes heureux de citer ici, car elle montre, pour me servir des expressions du journal lui-même, combien le célèbre professeur était un « homme de principes, autant que de science et d'honnêteté ».

Paris, 19 juillet 1849.

« Monsieur le rédacteur : Permettez-moi de vous adresser une réclamation au sujet de l'article inséré dans votre numéro du 15 de ce mois, article qui est d'ailleurs empreint d'une très grande bienveillance à mon égard. Vous dites en parlant de moi : « nous n'avons dit, ni écrit mot contre « lui ; ses votes sur le divorce, sur les clubs, et d'autres encore « nous auraient cependant fourni ample matière auprès de « gens assez passionnés pour voir dans M. Lamartine un « rouge et un démagogue.... » Un mot d'abord en ce qui concerne les clubs. Je ne les ai attaqués ni défendus. J'ai seulement développé à la tribune ce raisonnement bien

BIBLIOTHÈQUE NATIONALE — R.F. — IMPRIMÉS

simple auquel toute l'assemblée a fini par se rallier : la constitution proclame le droit d'association politique; or, la loi du 28 juillet 1848 interdit toute forme de l'association politique, publique ou secrète, autre que celle qui a été réglementée sous le nom de club. Donc, il est impossible, sans violer la constitution, de voter purement et simplement une loi qui se borne à interdire les clubs sans rétablir sous une forme quelconque la faculté d'exercer le droit d'association. J'ai entendu les hommes les plus modérés dire : « il a raison, il n'y a rien à répondre à cela. » L'Assemblée législative s'est attachée aux mêmes principes lorsque dernièrement elle a décidé que la loi future en abolissant définitivement les clubs devra en même temps réglementer le droit d'association.

« En ce qui touche le divorce, vous êtes tombé dans une erreur très involontaire, sans doute, mais des plus évidentes. Il n'y a eu à l'Assemblée constituante, ni discussion, ni vote sur la question du divorce, le projet de loi qui le rétablissait ayant été retiré par le gouvernement sur les demandes réitérées de la commission dont je faisais partie. Mais, ce n'est pas tout; j'avais été nommé membre de cette commission par mon bureau, comme étant un des adversaires les plus prononcés du divorce, institution, selon moi, anti-démocratique aussi bien qu'irréligieuse, nuisible surtout *aux faibles*, c'est-à-dire à la femme et à l'enfant. Vous pouvez voir ce que j'ai écrit à ce sujet dans mes annotations sur le traité des personnes du célèbre professeur et jurisconsulte Proudhon (t. I, p. 485), où je dis que le divorce doit être repoussé comme étant antipathique à la morale évangélique et dès lors une cause de décadence et de dissolution. Recevez, etc. (1). »

M. Valette fut à la Législative, ce qu'il avait été à la Constituante. Travailleur tranquille plus que politique, il intervint surtout dans les importants débats qui s'élevèrent alors en matière de législation : il prit une part active, avec son savant collègue M. Demante, aux lois sur les substitutions (Loi du 7 mai 1849), sur les contrats de mariage (Loi

____

(1) Ce document nous a été communiqué par le savant bibliothécaire de la ville de Salins, M. le Dr Coste.

du 10 juillet 1850), et sur le désaveu en cas de séparation de corps (Loi du 6 décembre 1850). Il était l'un des membres les plus écoutés de la commission chargée de l'étude des réformes à apporter dans la procédure criminelle.

Mais il ne se désintéressait pas, pour cela, des grandes questions qui agitaient alors l'opinion. Qui ne se rappelle la modération de son enquête sur l'insurrection de juin; son ardeur à combattre les attaques dirigées contre les hautes études universitaires, et le zèle qu'il déploya pour empêcher la suppression de la chaire d'histoire du droit et de celle de droit constitutionnel toute frémissante encore de la parole de Rossi? Plusieurs fois, il sut s'élever jusqu'à l'éloquence, et l'on ne saurait relire, sans émotion, le simple récit qu'il fit à la tribune de la mort du général Damesme, tué à la barricade de la rue de Fourcy (1).

Mais, l'œuvre favorite du maître, celle à laquelle il attachait le plus d'importance, c'est son rapport sur le duel. C'est, en effet, un petit chef-d'œuvre où se trouvent réunies dans une mesure exquise la forme la plus pure et la science la plus accomplie. Ce rapport fut présenté, en 1851, à l'Assemblée nationale au nom d'une commission dont M. Valette était président, le projet allait être inscrit à l'ordre du jour de la Chambre, mais on avait compté sans les événements politiques qui vinrent prématurément clore la session législative.

Il faut lire et méditer ce travail si juridique et ce qui vaut mieux si profondément moral. Une loi sur le duel est encore à faire et les faits si regrettables que la presse nous

(1) A l'enlèvement d'une barricade de la rue de l'Estrapade, près de la rue de Fourcy, dit M. Valette, j'ai vu tomber le commandant de la garde mobile, le général Damesme. Il fut transporté immédiatement dans la cour d'une maison voisine. J'avais mon écharpe; je me suis approché de lui. Il était sur un matelas. Je lui dis que je lui serrais la main au nom de l'Assemblée. Il eut un moment de défaillance. On lui fit l'opération; on lui retira la balle qu'il avait dans la cuisse, et comme il revenait à lui, il me chercha : il ne me connaissait pas du tout; il demanda à me serrer de nouveau la main. Je lui demandai comment il se trouvait. Il me répondit par le cri de : « Vive la République! » et il ajouta : « Je vous prie de faire connaître à l'Assemblée comment j'ai rempli mon devoir. » Effectivement il avait toujours marché en avant, donnant l'exemple (très bien! très bien!) *Un membre :* Il a bien mérité de la patrie! (oui! oui!)

signale chaque jour, en démontrent, d'une façon éclatante,
l'impérieuse nécessité. Le projet de loi de M. Valette est
un héritage de nos assemblées qu'une Chambre française
devrait accueillir avec orgueil et que ne cesse de réclamer
la conscience publique justement offensée. On fait beaucoup de lois aujourd'hui, on en projette plus encore ; on a
dans ce travail de 1851 sur le duel, une loi toute faite et
une œuvre remarquable à tous égards. Nous souhaitons
vivement qu'on en profite et qu'on ait le courage de la
voter (1).

Le 2 Décembre, au matin, au moment où il se rendait
au Corps législatif, on lui apprit, en chemin, le coup d'État
et la dissolution de l'Assemblée. « L'acte est nul de plein
droit, *ipso jure*, » s'écria-t-il ; un jurisconsulte romain n'eut
pas mieux dit. Il demanda aussitôt à partager la captivité
de ses collègues : j'ai un double titre à être arrêté, dit-il, au
commissaire de police, « je suis représentant du peuple,
et professeur de droit. » Il fut incarcéré à Vincennes.

C'est ainsi que se termina sa vie politique.

IV

Du jour où l'Empire s'établit, il s'enferma dans ses
chères études et vint, sans regrets, au milieu de cette jeunesse qu'il aimait, reprendre sa robe de professeur avec
l'intention bien arrêtée de ne plus la quitter à l'avenir.
Ses élèves et ses cours furent désormais son horizon et sa
vie, et il consacra ses derniers jours au culte désintéressé
de la science du droit qu'il ne cessa d'enrichir de ses
travaux.

Il fut nommé, en 1869, membre de l'Académie des sciences morales et politiques, en remplacement de M. Troplong

(1) Voy. sur la question du duel, M. Masson, *loc. cit.*, et un intéressant
article de M. le conseiller Auzouy, *Rev. prat.*, t. 43, p. 5. « Lorsque récem-
ment, dit M. de Valroger, d'honorables sénateurs ont repris la pensée, conçue
alors d'une répression légale du duel, ils n'ont trouvé rien de mieux à faire
que de reproduire comme exposé des motifs le rapport que Valette avait
préparé et de proposer comme loi le projet dont il fut le principal rédacteur. » Ce projet sera-t-il jamais voté ?

contre lequel il avait fait jadis ses premières armes. Il suivit assidûment les séances de la docte compagnie et y
donna quelques travaux intéressants. C'est là qu'il lut
notamment un mémoire où il démontre avec sa science
habituelle que, de toutes les innovations législatives de la
Révolution, celles-là seules ont subsisté qui avaient été
préparées par les traditions, les mœurs et le génie de la
nation.

Ce vaste esprit n'était d'ailleurs étranger à aucune des
parties des connaissances humaines. Les sciences, les arts,
les langues étrangères, lui étaient familiers; et c'était un
des grands charmes de son commerce que de l'entendre,
avec la simplicité qui lui était propre, disserter sur les sujets
les plus éloignés de ses études habituelles (1).

« C'est maintenant qu'il faudrait parler de la modestie
de ses habitudes, de la pureté de sa vie, de l'honnêteté, de
l'amabilité de son commerce. Il était un homme tout d'une
pièce, d'une franchise extrême, qui ne connaissait d'autre
manière de dissimuler que de se taire. Il allait à tous sans
malice, droit devant lui, avec bonhomie, avec prud'homie
comme auraient dit nos pères (2). »

C'était l'homme bon par excellence, quoiqu'il gardât à
l'extérieur un peu de la rudesse du sol natal. On a défini la
bonté : « le don gratuit de soi-même. » Cette définition
peut à juste titre lui être appliquée, car il se prodiguait
sans compter à ses collègues, à ses élèves, à tous ceux qui
avaient besoin d'un conseil ou d'un service.

Il était l'un des membres les plus actifs de la société pro-
tectrice des animaux, il en devint même le président et l'on
cite de lui des traits d'une naïveté charmante qu'on croirait
empruntés à la vie d'un la Fontaine ou d'un Bernardin de
Saint-Pierre.

Ce qu'il aimait avant tout, c'était son intérieur. « Les
meilleurs de ses instants, » dit d'une façon exquise un de
ses biographes (3), « étaient le soir, quand après le dîner, il

---

(1) Voy. le journal *le Droit* du 11 mai 1878.
(2) *A la mémoire de M. Valette*, p. 12.
(3) *Ibid.*, p. 11.

pouvait s'asseoir devant son bureau, ayant à ses côtés madame
Valette occupée, elle aussi, à d'humbles travaux. Il était de
ceux qui, avec Martial, comptent parmi les félicités humaines les charmes du foyer, *focus perennis*. Avec ses livres ou-
verts, empilés les uns sur les autres, sa plume, sa pensée, la
société qu'il aimait le plus et un bon feu, il passait en silence
de longues heures à écrire. Il enrichissait l'arsenal de ses
notes, demandait parfois un avis, estimant qu'une femme
sensée sait, d'instinct, ce que d'autres cherchent sans trouver,
ou bien, il faisait sa correspondance : ce qui était pour lui
toute une affaire. On le consultait de partout de France,
d'Europe et jusque de l'Amérique. Versé dans les langues
modernes, il répondait à bon nombre de jurisconsultes dans
leur idiôme national. Apprendre pour lui une langue
n'était rien ; il apprit ainsi l'anglais à quarante-six ans, uniquement pour pouvoir correspondre plus facilement avec
les légistes d'Outre-Manche. Ainsi se passèrent pour M. Valette plus de quarante années d'études à l'École de droit,
qu'il ne voulut jamais quitter, même pour occuper le siège
qui lui avait été offert par deux fois, à la Cour de cassa-
tion. »

Il y a quelques mois, il publiait dans le journal le *Droit*,
un vigoureux article sur une question juridique des plus
controversées, et nous étions heureux d'y retrouver toutes
les qualités distinctives de son talent, sa dialectique irrésis-
tible, et sa science si sûre d'elle-même.

Il était déjà pourtant bien affaibli par un mal cruel qui le
minait lentement et qu'il supportait depuis de longs mois
avec une merveilleuse constance ; mais son esprit lucide
montrait que son âme était toujours maîtresse du corps qu'elle
allait bientôt quitter.

Le lundi 6 mai, il occupait encore sa chaire de professeur ;
c'était le suprême effort ; il fallut l'en descendre, et le ven-
dredi suivant, il expirait, plein de résignation et de courage,
dans des sentiments d'une foi vive et d'une admirable piété
qui avaient été ceux de sa vie tout entière.

Il avait, de son vivant, fait les recommandations les plus
précises au sujet de ses funérailles ; modeste dans sa mort,
comme il l'avait été dans sa vie, il avait défendu, avec une

humilité toute chrétienne qu'on prononçât des discours sur
sa tombe. « Dieu m'en tiendra compte, disait-il. » Se sou-
venant de sa première vocation, que heureusement pour la
science il n'avait pas suivie, il avait demandé qu'à l'église,
il y eut beaucoup de prêtres et une bonne musique ; et touchant détail, il avait voulu que sa robe de professeur fût son
suaire, comme pour ne pas être séparé, même dans la tombe,
des insignes de ses fonctions, auxquelles il était si profondément attaché.

Dès que la nouvelle de sa mort se répandit dans Paris, ce
fut parmi la jeunesse des écoles, dans le monde savant, et la
presse tout entière, comme un concert de plaintes et de regrets. Pendant deux jours, les cours de l'École de droit furent
fermés. Ses élèves, qui avaient pour leur vieux maître un
respect poussé jusqu'à la vénération, accoururent de toutes
parts pour lui rendre les derniers devoirs, et je ne sache rien
de plus touchant que la manifestation spontanée de leur
affliction. Le char qui portait la dépouille mortelle, dit le
journal le *Droit*, auquel nous empruntons ces détails était
couvert de fleurs et de couronnes, témoignages d'affection et
de reconnaissance. On lisait sur l'une d'elles : « A M. Valette,
ses anciens élèves devenus ses collègues à la Faculté de
droit. » Sur d'autres : « A M. Valette, les élèves de l'École
de droit de Paris ; A M. Valette, les étudiants roumains. »

Sur le cercueil étaient placés l'habit aux palmes vertes du
membre de l'Institut, la robe et la toque rouges du professeur, les insignes de l'officier de la Légion d'honneur et du
membre du conseil supérieur de l'instruction publique.

On remarquait dans le cortège les délégués des étudiants
de Paris et des étudiants roumains, portant leurs immenses
couronnes d'immortelles ; la députation de l'Institut, la Faculté de droit de Paris, précédée de ses massiers ; la députation du barreau de la cour d'appel auquel M. Valette n'avait
pas cessé d'appartenir pendant cinquante ans, et les délégués des nombreuses sociétés dont il avait fait partie.

Venait ensuite une affluence considérable composée des
amis sans nombre du défunt et de toutes les notabilités de la
société parisienne, ministres ou anciens ministres, sénateurs, députés, membres des diverses académies, conseillers

d'État, représentants nombreux de la magistrature et du barreau, membres du Conseil municipal, etc.

Les étudiants, en groupes serrés, fermaient la marche, attestant par leur nombre et par leur recueillement, les souvenirs de respect et de reconnaissance que le maître laisse après lui.

Cette foule attristée, ces couronnes de deuil, ces regrets unanimes témoignent hautement de la grandeur de la perte que le pays a faite. Cette perte est grande, en effet, car, chez M. Valette, l'homme de bien était à la hauteur du jurisconsulte, et la profondeur de sa science n'avait d'égale que la beauté de son caractère. *Bonum virum facile crederes, magnum libenter*, pourrions-nous dire avec Tacite de l'illustre professeur. Sa longue vie consacrée tout entière au travail et à l'accomplissement du devoir, pleine de cette grande probité que rien n'a jamais troublée, ni les honneurs ni les revers, est un magnifique exemple qui ne saurait trop être mis en lumière, et que ses disciples reconnaissants n'oublieront jamais.

6753-79 — Corbeil. Typ et stér. Crété.

VIENNENT DE PARAITRE

LES CODES FRANÇAIS

COLLATIONNÉS SUR LES TEXTES OFFICIELS

Les seuls où soient rapportés les textes du Droit ancien et intermédiaire

NÉCESSAIRES A L'INTELLIGENCE DES ARTICLES

Par Louis TRIPIER

Docteur en droit, ancien membre du Conseil général de l'Yonne.

Vingt-neuvième Édition 1879

1 vol. format grand in-8	20 fr. »
Demi-reliure chagrin	23 fr. »
Les mêmes, édition diamant. 1 vol. in-32	6 fr. »
Demi-reliure chagrin	7 fr. 50

NOTA. — Pour l'Édition in-8, il est délivré trois bons qui permettront de retirer gratuitement les suppléments et les tables devant paraître en 1879, 1880 et 1881.

HISTOIRE DES LOCATIONS PERPÉTUELLES

ET DES BAUX A LONGUE DURÉE

Par E. GARSONNET

Professeur agrégé à la Faculté de droit de Paris.

1 beau volume in-8 .... 12 fr.

(Ouvrage couronné par l'Académie des sciences morales et politiques)

PRÉCIS DU COURS D'ÉCONOMIE POLITIQUE

PROFESSÉ A LA FACULTÉ DE DROIT DE PARIS

CONTENANT AVEC L'EXPOSÉ DES PRINCIPES
L'ANALYSE DES QUESTIONS DE LÉGISLATION ÉCONOMIQUE

Par **PAUL CAUWÈS**, professeur agrégé

Tome premier, seul paru .... 8 fr.

Le tome 2 et dernier, sous presse, paraîtra incessamment.

ÉTUDES
SUR LA NOVATION ET LE TRANSPORT DES CRÉANCES

EN DROIT ROMAIN

Par **Paul GIDE**, professeur à la Faculté de droit de Paris

1 vol. in-8 .... 7 fr. 50

COURS ÉLÉMENTAIRE
DE DROIT ROMAIN

Contenant l'explication méthodique des Institutes de Justinien et des principaux textes classiques, pour la préparation aux examens de baccalauréat, de licence et de doctorat en droit,

PAR E. DIDIER-PAILHÉ

Professeur à la Faculté de droit de Grenoble.

1 vol. in-8 .... 10 fr.

6753-79 — CORBEIL. Typ. de CRÉTÉ.

www.ingramcontent.com/pod-product-compliance
Lightning Source LLC
LaVergne TN
LVHW010508060726
842527LV00005B/1950